5199
H

RECUEIL

DES PORTRAITS
DES HOMMES ILLUSTRES,

Dont il eſt fait mention dans l'Hiſtoire de France, commencée par MM. VELLY & VILLARET, & continuée par M. l'Abbé GARNIER.

TOME III,

CONTENANT les Regnes de Henri II, de Charles IX, de Henri III, de Henri IV, & une partie du Regne de Louis XIII.

A PARIS,

Chez NYON l'aîné, Libraire, rue du Jardinet, quartier Saint-André-des-Arcs.

M. DCC. LXXXI.

Etat des Portraits contenus dans le troisieme Volume.

Regne de Henri II.

1 Anne de Montmorenci, Connétable, *habillé selon le costume du tems.*
2 Philippe II, Roi d'Espagne.
3 Michel de l'Hôpital.
4 Gaspard de Coligny, *habillé selon le costume du tems.*
5 François de Coligny, Seigneur d'Andelot.
6 Artus de Cossé, *habillé selon le costume du tems.*
7 Antoine de Bourbon.

Regne de François II.

8 Marie Stuart, Reine d'Ecosse.
9 François II.
10 Le même, *suivant le costume du tems.*
11 Catherine de Médicis, *aussi selon le costume du tems.*
12 Conférence du Cardinal de Lorraine & du Duc de Guise, avec Catherine de Médicis.
13 Elisabeth, Reine d'Angleterre.

Regne de Charles IX.

14 Charles IX.
15 Le même, *habillé selon le costume du tems.*
16 Odet de Coligny, Cardinal de Châtillon.
17 Anne de Joyeuse.
18 Jeanne d'Albret, *habillée selon le costume du tems.*
19 Bataille de Dreux.
20 Autre Plan de la même Bataille.
21 Michel-Ange Buonarotti.
22 Alexandre Farnèse.
23 Etienne Pasquier.
24 Henri de Lorraine, Duc de Guise.
25 Michel Nostradamus.
26 Charles Dumoulin.
27 Timoléon de Cossé.
28 Jacques Goyon, Sire de Matignon.
29 Armand de Gontaut de Biron.
30 Henri I de Montmorenci.
31 Henri I de Bourbon, Prince de Condé.
32 Marguerite de Valois.
33 Pomponne de Bellievre.
34 Rodolphe II.
35 Henri I, Vicomte de Turenne.
36 François de France, Duc d'Alençon.

Regne de Henri III.

37 Henri III.
38 Honoré d'Albert, Seigneur de Luynes.
39 Charles II, Cardinal de Bourbon.
40 Titien Vecelli, Peintre.
41 Louis de la Trémouille.
42 Mathias, Empereur.
43 Charles de Lorraine, Duc de Mayenne.
44 Jacques VI, Roi d'Ecosse, ou I d'Angleterre.
45 Charles Emmanuel I, Duc de Savoye.
46 François de Bonne, Duc de Lesdiguieres.
47 Jean-Louis de la Valette, *dit* Nogaret, Duc d'Epernon.
48 Louis de Lorraine, second Cardinal de Guise.
49 Sixte V.
50 Philippe de Lorraine, Duc de Mercœur.
51 Nicolas de Neufville, Seigneur de Villeroy.
52 Charles de Bourbon, Comte de Soissons.
53 Henri de Joyeuse, Capucin, sous le nom du *Pere Ange.*

54 Arnaud d'Ossat, Cardinal.
55 Nicolas de Harlay, Seigneur de Sancy.
56 André-Baptiste de Brancas, Seigneur de Villars.
57 Louis Berton de Crillon.
58 Charles II de Cossé, Duc de Brissac.
59 Louis Servin.

REGNE DE HENRI IV.

60 Henri IV.
61 Barthelemy des Martyrs.
62 Gabrielle d'Estrées.
63 Catherine de Bourbon.
64 Brisson.
65 Jeannin.
66 Henri, Duc de Montpensier.
67 Guillaume du Vair.
68 Charles de Biron.
69 Le Cardinal Duperron.
70 Philippe de Mornay.
71 Pyramide dressée devant la porte du Palais.
72 Charles I, Sire de Créqui.
73 Henriette de Balzac d'Entragues, Marquise de Verneuil.
74 Marie de Médicis.
75 Nicolas Brulart de Sillery.
76 Tycho-Brahé.
77 Charles de Valois, Duc d'Angoulême.
78 Maximilien de Béthune, Duc de Sully.
79 Pierre Cotton.
80 Dominique Fontana.
81 Henri II de Bourbon, Prince de Condé.
82 Charlotte de Montmorenci, Princesse de Condé.
83 Massacre de Henri IV.

REGNE DE LOUIS XIII.

84 Louis XIII.
85 François de Bassompierre.
86 Concini, Maréchal d'Ancre.
87 Léonore Galigay.
88 Ferdinand II, Empereur.
89 Gustave-Adolphe.
90 Jacques Bongars.
91 Frédéric Baroche.
92 Charles I, Roi d'Angleterre.
93 Gilles de Maupeou.
94 Guillaume Ribier.
95 Bourdeille de Brantôme.
96 Anne d'Autriche.
97 Le Cardinal de Richelieu.
98 Le Duc de Buckingham.
99 Matthieu Molé.
100 Charles d'Albert, Duc de Luynes.

MONTMORENCI.

Anne de Montmorency, Connétable de France.
Né le 16. de Mars 1492: mort le 12. de Novembre 1567.

Regne de Henri II.

MONTMORENCI, (ANNE DE)

CONNÉTABLE DE FRANCE,

Né le 15 Mars 1492; mort le 12 Novembre 1567.

(Habillé selon le costume du tems.)

Tome III.   A

PHILIPPE II,

ROI D'ESPAGNE,

Fils de l'Empereur Charles-Quint & d'Isabelle de Portugal;

Né le 21 Mai 1527; marié en 1545 à Marie, fille de Jean III; Roi de Portugal; ensuite à Marie, Reine d'Angleterre; puis à Isabelle, fille de Henri II; enfin à Anne d'Autriche.

Roi d'Espagne en 1555; mort en 1598.

PHILIPPE II.
Roy d'Espagne
Né le 21 May 1527 Mort a l'Escurial le 13 7.bre 1598.

Michel de l'Hopital Chancelier de France.
Mort le 13. de Mars 1573. Âgé d'environ 70. Ans.

HOSPITAL, (MICHEL DE L')

Fils de Jean de l'Hofpital, Médecin du Connétable Charles de Bourbon & de la Princeſſe Renée de Bourbon, femme d'Antoine, Duc de Lorraine;

Né en 1505; Chancelier en 1560; mort le 13 Mars 1573.

COLIGNI, (GASPARD)

AMIRAL,

Né le 16 Février 1516; mort le 24 Août 1572.

(Habillé selon le coſtume du tems.)

Gaspard de Coligny, Amiral de France.
Né le 16. de Fevrier 1516: tué à Paris le 24. d'Aoust 1572.

François de Coligny, Seigneur d'Andelot.
Né le 18. d'Avril 1521: Mort le 27. de May 1569.

Regne de Henri II.

COLIGNI, (FRANÇOIS DE)

SEIGNEUR D'ANDELOT,

Fils puîné de Gaspard de Coligni, Maréchal de France, & de Louise de Montmorenci;

Né le 18 Avril 1521; Colonel Général d'Infanterie en 1555; mort le 27 Mai 1569.

COSSÉ, (ARTUS DE)

MARÉCHAL DE FRANCE,

Fils de René de Cossé, Seigneur de Brissac; Maréchal de France en 1567; mort le 15 Janvier 1582.

(Habillé selon le costume du tems.)

Artus de Cossé, Maréchal de France.
Il porta d'abord le nom de Gonnor, puis celui de Maréchal de Cossé. Il mourût le 16. de Janv. 1582.

Antoine de Bourbon, Roy de Navarre.
Né le 22 d'Avril 1518: Mort le 17 de Novembre 1562.

BOURBON, (ANTOINE DE) ROI DE NAVARRE,

Nommé auparavant Duc de Vendôme;

Né le 22 Avril 1518; marié à Jeanne d'Albret le 20 Octobre 1548; mort le 17 Novembre 1562.

MARIE STUART,

REINE D'ÉCOSSE ET DE FRANCE,

Fille de Jacques V, Roi d'Ecoſſe, & de Marie de Lorraine-Guiſe, fille de Claude, Duc de Guiſe;

Née le 5 Décembre 1542; ſuccéda à ſon pere n'étant âgée que de huit jours; épouſa, en 1558, François II, qui n'étoit encore que Dauphin; & après ſa mort, Henri Stuart, ſon Couſin; & enfin Jacques Hesburne, Comte de Bothwel; morte le 18 Février 1587.

MARIE STUARD
Reine d'Ecosse,
Née le 8.e Décembre 1542. Décapitée le 8 Fev. 1587.

FRANÇOIS II.
LIX.ᵉ Roy de France,
Mort à Orléans en 1560. Après 18 Mois de règne.

FRANÇOIS II,

ROI DE FRANCE,

Fils de Henri II & de Catherine de Médicis;

Né le 19 Janvier 1543; marié le 19 Avril 1558, avec Marie Stuart, Reine d'Ecosse; couronné en 1559; mort le 5 Décembre 1560.

FRANÇOIS II,

ROI DE FRANCE.

(Habillé selon le costume du tems.)

François II.
Né le 19. de Janvier 1543. mort le 5. de Décembre 1560.

Catherine de Médicis.
Née le 13. d'Avril 1519. Morte le 5. de Janvier 1589.

MÉDICIS, (CATHERINE DE)

REINE DE FRANCE,

Fille de Laurent de Médicis, Duc d'Urbin, & de Magdeleine de la Tour, Comtesse d'Auvergne & de Lauraguais;

Née le 13 Avril 1519; mariée en 1533 au Dauphin de France, qui fut depuis Henri II; morte le 5 Janvier 1589.

(*Habillée selon le costume du tems.*)

CONFÉRENCE
DU CARDINAL DE LORRAINE
ET DU DUC DE GUISE
AVEC CATHERINE DE MÉDICIS
en 1559.

Richardon Inv.   C.L. Duflos Sculp.
Le Cardinal de Lorrainne et le Duc de Guise en Conférence avec Catherine de Médicis.
Dans l'Eloignement se voit le mouvement de la Conspiration d'Amboise.

ELIZABETH.
Reine d'Angleterre.
Née le 8 7.bre 1533, morte le 3. avril 1603.

ÉLISABETH,

REINE D'ANGLETERRE,

Fille de Henri VIII & d'Anne de Boulen;

Née le 8 Septembre 1533; couronnée le 15 Janvier 1559; morte le 3 Avril 1603.

CHARLES IX,

ROI DE FRANCE,

Troisiéme Fils de Henri II & de Catherine de Médicis;

Né le 27 Juin 1550; succéda à François II en 1560, sous l'administration de Catherine sa mere; déclaré majeur le 17 Août 1563; mort le 30 Mai 1574.

CHARLES IX.
LXe Roy de France,
Mort à Vincennes en 1574. Après 14 ans de règne.

Charles IX.
Né le 27. de Juin 1550: Mort le 30. de May 1574.

# CHARLES IX,

ROI DE FRANCE.

(Habillé selon le costume du tems.)

COLIGNI, (ODET DE)

Cardinal de Châtillon à dix-huit ans, Archevêque de Touloufe à dix-neuf ans, & Evêque de Beauvais à vingt ans;

Né le 10 Juillet 1517; ayant embraffé le Calvinifme, privé de la Pourpre en 1563; marié en 1564 avec Ifabelle de Hauteville, fans renoncer au Cardinalat, à fon Evêché, à fon Archevêché & à fes Abbayes; enfui en Angleterre avec fa femme; mort le 14 Février 1571.

Odet de Coligny, Evêque de Beauvais, et Cardinal.
Le Cardinal de Chastillon naquit le 10. de Juillet 1517. Il mourût le 14. de Fevrier 1571.

JOYEUSE, (ANNE DE)

DUC, PAIR ET AMIRAL DE FRANCE,

Fils de Guillaume IIe du nom, Vicomte de Joyeuse, Maréchal de France, & de Marie de Batarnay; Amiral de France en 1582; mort le 20 Octobre 1587.

ALBRET, (JEANNE D')

Femme d'Antoine de Bourbon, Roi de Navarre;

Née le 7 Janvier 1528; morte le 9 Juin 1572.

(Habillée selon le costume du tems.)

Jeanne d'Albret, femme d'Antoine Roy de Navarre.
Née le 7. de Janvier 1528. Morte le 9. de Juin 1572.

LE VRAY POVRTRAICT DE LA BATAILLE DONNÉE PAR M. DE GVYSE DEVANT DRE[VX]

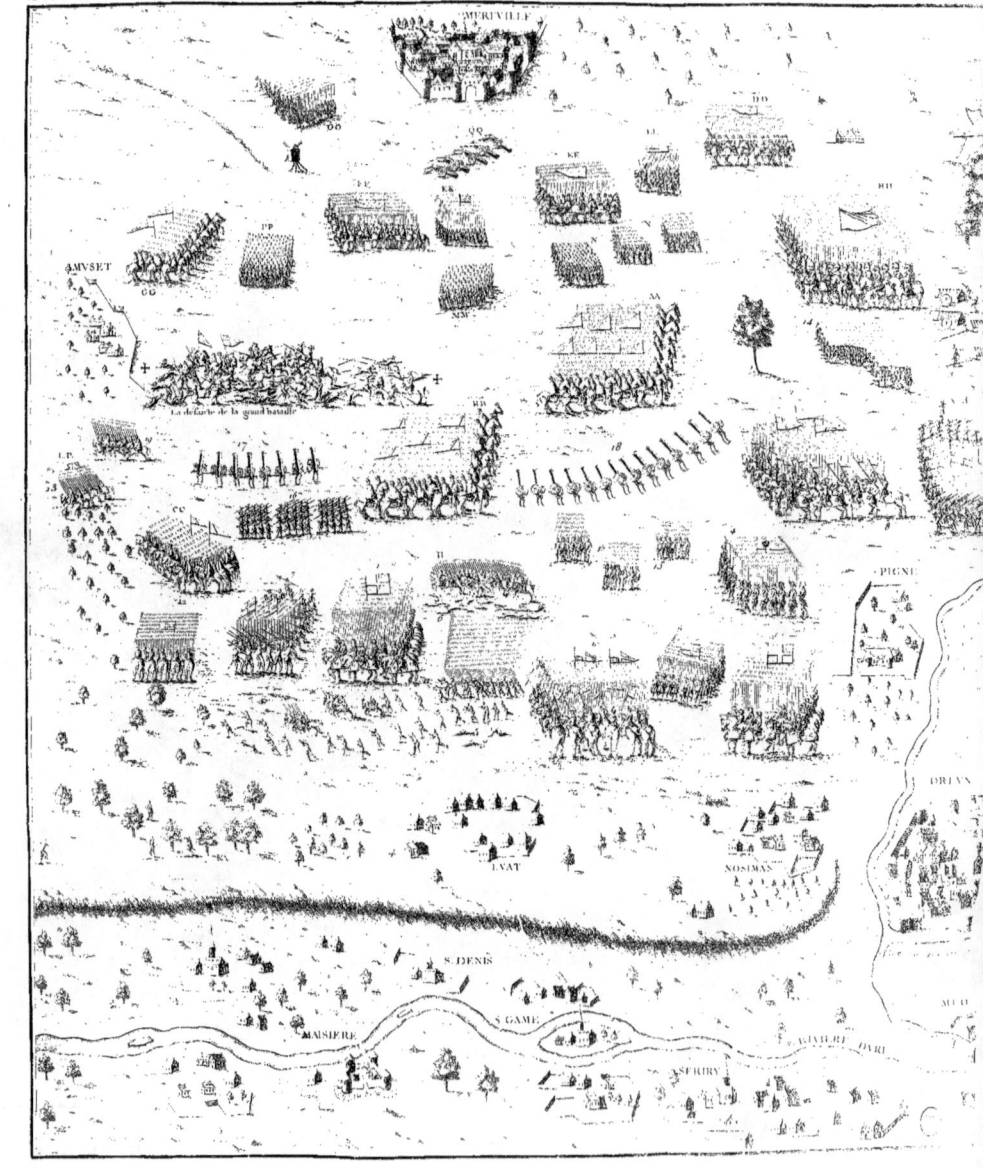

BATAILLE DE DREUX

Gagnée par François, Duc de Guise, *contre les Huguenots, en 1562.*

Explication de cette Planche.

Camp du Roi.

1. Bataille que menoit M. le Connétable.
2. M. de Guise à l'avant-garde.
3. Escadron d'Espagnols.
4. Escadron de François.
5. Escadron de Lansquenets.
6. Escadron de Suisses.
7. Escadron de François & Bretons.
8. 9. 10. 11. 12. 13. Cavalerie.
14. Arquebusiers Espagnols.
15. Arquebusiers François.
16. Arquebusiers Bretons.
17. Artillerie de la bataille, huit pieces.
18. Artillerie de l'avant-garde, quatorze pieces.
19. Gens de cheval qui courent derriere le Prince de Condé.
20. Charrettes de munitions.

Camp du Prince de Condé.

AA. Bataille de sept Cornettes de Reîtres.
BB. Bataille de cinq Cornettes de Reîtres.
CC. Deux Cornettes de Reîtres.
DD. EE. FF. GG. HH. Cavalerie.
II. Quatre-vingts salades qui firent l'entrée sur l'escadron des Suisses, & en même-tems l'Artillerie du Roi tira par deux fois, & la moitié seulement une troisiéme.
KK. Escadrons d'Allemands.
LL. Escadrons de François.
MM. NN. Arquebusiers.
OO. Escadrons de gens de pied, les premiers qui fuirent.
PP. Escadrons de gens de pied.
QQ. Artillerie, cinq pieces.

Les chiffres 4 & 5 qui se trouvent entre la riviere & le champ de bataille, désignent la place où se mit en bataille le camp du Roi.

Le commencement des grands coups fut de la marque ✠ jusqu'à l'autre ✠.

LP. est la place où fut pris le Prince de Condé.

BATAILLE DE DREUX

Gagnée par François, Duc de Guise, *contre les Huguenots, en 1562.*

EXPLICATION DE CETTE PLANCHE.

Camp du Roi.

A. La bataille que menoit M. le Connétable.
B. M. de Guise à l'avant-garde.
C. Escadron d'Espagnols.
D. Escadron de François.
E. Escadron de Lansquenets.
F. Escadron de Suisses.
G. Escadron de François & Bretons.
H. I. K. L. M. N. Cavalerie.
O. Arquebusiers Espagnols.
P. Arquebusiers François.
Q. Arquebusiers Bretons.
R. Artillerie de la bataille, huit pieces.
S. Artillerie de l'avant-garde, quatorze pieces.
T. Gens de cheval qui coururent derriere le Prince de Condé.
U. Charrettes de munitions.

Camp des Huguenots.

AA. Bataille de sept Cornettes de Reîtres.
BB. Bataille de cinq Cornettes de Reîtres.
CC. Deux Cornettes de Reîtres.
DD. EE. FF. GG. HH. Cavalerie.
II. Quatre-vingts salades qui firent l'entrée sur l'escadron des Suisses, & en mêmetems l'Artillerie tira par deux fois, & moitié seulement une troisième.
KK. Escadron d'Allemands.
LL. Escadron de François.
MM. NN. Arquebusiers.
OO. Escadrons de gens pied, les premiers qui fuirent.
PP. Escadrons de gens de pied.
QQ. Artillerie, cinq pieces.

Les chiffres 2 & 3 désignent le Camp du Roi, qui, la veille de la bataille, étoit logé en-deçà de la riviere, & le matin suivant, passa la riviere à l'aube du jour, sans être apperçu de l'ennemi.

4 & 5 est la place où se mit en bataille le Camp du Roi.

Le commencement des grands coups fut de la marqué ✠ jusqu'à l'autre ✠.

La prise du Prince est en la place marquée Y.

Le reste de l'Infanterie qui échappa, s'enfuit en un bois à demi-lieue de-là, où sont marqués deux 8. 8.

En la place marquée H. étoit la Compagnie de MM. de Guise, de Nevers, du Prince de Mantoue, du Marquis de l'Isle.

En la place marquée I. étoient la Compagnie de Monseigneur d'Orléans, du Maréchal de Saint-André, du Prince de Geinville, de Longueville, du Comte Cherni, la Ferté.

A celle marquée K. étoient l'Amiral Danville, le Vicomte de Martigues, Monbrun, d'Aumale, de Vaudémont, d'Estampes, la Vauguion.

A la place L. M. le Connétable, de Brissac, Crussol, de Méru, de Trées, Beauvais, Givri, d'Anebaut, de Cypierre, de Piennes.

Enfin, à la place marquée M. le Comte Daufin, Sansac, de Roussillon, Gonnor, Malicorne, Vassey; en tout, trente-six Compagnies.

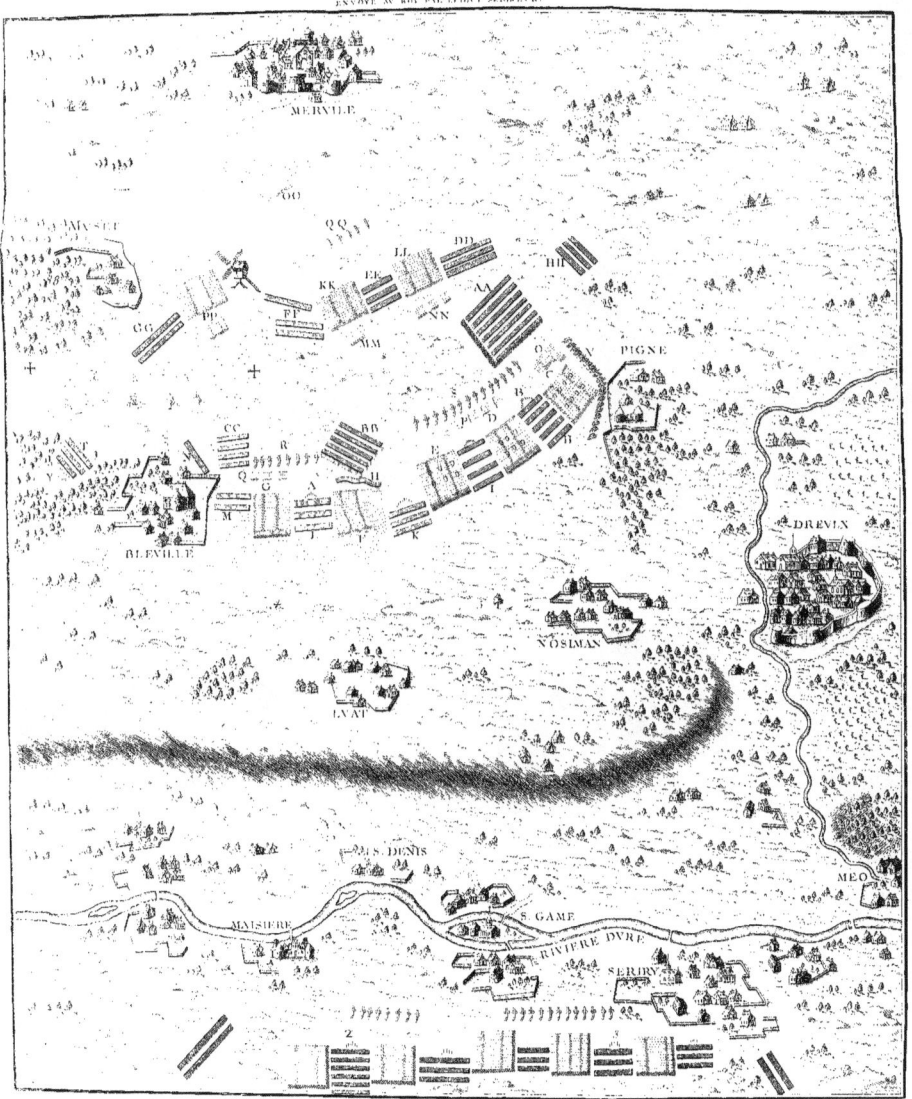

BUONAROTTI, (MICHEL-ANGE)

SCULPTEUR, PEINTRE,

ARCHITECTE, &c.

Né en 1475; mort en 1564.

FARNÈSE, (ALEXANDRE)
DUC DE PARME,

Né en 1547, d'Octave Farnèfe, fils de Pierre Louis, Duc de Caftro, qui étoit fils naturel du Cardinal Alexandre Farnèfe, depuis, Pape, fous le nom de Paul III, & de Marguerite d'Autriche, fille naturelle de Charles-Quint; mort le 2 Décembre 1592.

ALEXANDRE FARNESE.
Duc de Parme.
Mort à Arras le 2.x.bre 1592. âge de 46 ans.

PASQUIER, (ÉTIENNE)

Avocat au Parlement de Paris, & Avocat du Roi de la Chambre des Comptes;

Né en 1528; mort le 31 Août 1615.

HENRI DE LORRAINE,

DUC DE GUISE,

Surnommé LE BALAFRÉ,

Né le 31 Décembre 1550, de François de Lorraine & d'Anne d'Eſt; mort le 23 Décembre 1558.

HENRI DE LORRAINE
Duc de Guise, dit le Balafré,
Né le 31 Decemb. 1560. Tué à Blois le 23 x.bre 1588.

MICHEL NOSTRADAMUS.
Médecin,
Né à St Remy, en Provence, le 14 Décemb. 1503.
Mort le 2 juillet 1566.

NOSTRADAMUS, (MICHEL)

Né le 14 Décembre 1513; reçu Docteur en Médecine à Montpellier, en 1529; appellé par Henri II pour le consulter sur le sort des Enfans de France; mort le 2 Juillet 1566.

MOULIN, (CHARLES DU)

AVOCAT AU PARLEMENT,

Né sur la fin de 1500, de Jean du Moulin, Avocat au Parlement de Paris, & de Perrette Chauffidon; mort en Décembre 1566.

CHARLES DUMOLIN.
Avocat au Parlement.
Né à Paris sur la fin de 1500. Mort en X^{bre} 1566.

COSSÉ, (TIMOLÉON DE)

COMTE DE BRISSAC,

COLONEL GÉNÉRAL DE L'INFANTERIE FRANÇOISE,

Né en 1543, de Charles de Cossé premier, Comte de Brissac, & de Charlotte d'Esquetot; mort au mois de Mai 1569.

JACQUES GOYON,
SIRE DE MATIGNON,
COMTE DE THORIGNY,

Né le 16 Septembre 1526, de Jacques premier de Matignon, & d'Anne de Silly; Lieutenant Général en Basse-Normandie, en 1559; Maréchal de France en 1579; mort le 27 Juillet 1597.

JACQUES SIRE DE MATIGNON
Maréchal de France Gouv.^r de Guienne.
Né en 1526. Mort en 1597.

ARMAND DE GONTAULT,
De Biron Marechal de France,
Tué au Siege d'Epernai agé de 68 ans.

BIRON, (ARMAND DE GONTAUT)

SEIGNEUR ET BARON DE BIRON,

MARÉCHAL DE FRANCE,

Né vers l'an 1524, de Jean de Gontaut, Seigneur de Biron, & d'Anne de Bonneval, Dame de Chefboutonne; Grand-Maître de l'Artillerie en 1569; Maréchal de France en 1576; mort le 26 Juillet 1592.

MONTMORENCI, (HENRI I. DE)

Premier Baron, Duc, Pair, Maréchal & Connétable de France, Gouverneur de Languedoc, &c.

Fils d'*Anne de Montmorenci*, Connétable de France, & de Magdeleine de Savoye, fille de René, bâtard de Savoye, Grand-Maître de France; appellé Damville pendant la vie de son pere & de son frere aîné; Connétable le 8 Décembre 1593; mort le premier Avril 1614.

HENRI I.
Duc de Montmoranci,
Connétable de France.
Mort à Agde le 1.er Avril 1614.

HENRY I. DE BOURBON
Prince de Condé
Né à la Ferté sous Jouare le 29 Decembre 1552.
Mort à St Jean d'Angeli, le 5 mars 1588.

BOURBON, (HENRI DE)

PREMIER DU NOM,

PRINCE DE CONDÉ,

Fils de Louis premier, Prince de Condé, & d'Eléonore de Roye;

Né le 29 Décembre 1552; mort le 5 Mars 1588.

VALOIS, (MARGUERITE DE)

REINE DE NAVARRE,

Fille de Henri II, & de Catherine de Médicis;

Née le 14 Mai 1552; mariée en 1572 à Henri, alors Prince de Béarn, & depuis Henri IV, dont le mariage fut diffous en 1599; morte le 27 Mars 1615.

BELLIEVRE, (POMPONE DE)

CHANCELIER DE FRANCE,

Né en 1529, de Claude de Bellievre, Seigneur de Hautefort, Premier Préfident du Parlement de Grenoble, & de Louife Faye, fille de Pierre, Seigneur d'*Efpeiffes*; Confeiller d'Etat en 1570; Sur-Intendant des Finances en 1575; Préfident au Parlement en 1580; Chancelier le 2 Août 1599; mort le 7 Septembre 1607.

RODOLPHE II,

ROI DES ROMAINS,

DE BOHÊME ET DE HONGRIE,

ET EMPEREUR D'ALLEMAGNE,

Fils de l'Empereur Maximilien II & de Marie d'Autriche, fille de l'Empereur Charles-Quint;

Né le 18 Juillet 1552; Roi de Hongrie en 1572, de Bohême en 1576, & presqu'en même-tems Empereur; mort le 20 Janvier 1612.

RODOLPHE II.
*Commence a regner le 12. Octobre 1576.
Mort le 20. Janvier 1612.*

HENRY DE LA TOUR.
D'auvergne, Duc de Bouillon
Né le 28 Septembre 1555 Mort le 25 Mars
1623 agé de 67 ans.

TOUR, (HENRI DE LA) VICOMTE DE TURENNE,

MARÉCHAL DE FRANCE,

Né le 28 Septembre 1557, de François III du nom, & d'Eléonore de Montmorenci, Fille unique d'Anne Duc de Montmorenci, Connétable; marié en 1591, à Charlotte de la Marck, héritiere du Duché de Bouillon & de la Principauté de Sedan; Maréchal de France dans la même année; mort le 25 Mars 1623.

FRANÇOIS DE FRANCE,

DUC D'ALENÇON,

Frere de François II, Charles IX & Henri III, & fils de Henri II & de Catherine de Médicis;

Né le 18 Mars 1554; mort le 10 Juin 1584.

FRANÇOIS DE FRANCE
Duc d'Alençon fils de Henry II. Né le 18
Mars 1554. Mort le 10 Juin 1584.

HENRY III.
LXIe Roy de France,
Mort à Saint Cloud, en 1589. Après 15 ans de règne.

HENRI III,

ROI DE FRANCE,

Quatriéme fils de Henri II & de Catherine de Médicis;

Né le 20 Septembre 1551; Roi de Pologne en 1573; Roi de France en 1574; mort le premier Août 1589.

ALBERT, (HONORÉ D')

SEIGNEUR DE LUYNES,

Fils de Léon d'Albert, Seigneur de Luynes, & de Jeanne de Ségur; Gouverneur de Beaucaire en 1568; mort en 1592.

HONORE D'ALBERT S.r DE LUYNES.
Chev.r de l'ordre du Roy, Chambellan du Duc d'Alençon,
Gouv.r de Beaucaire, Chateau Dauphin, pont S.t Esprit, Bourg S.t
Andeol et de Boulogne, Colonel des Bandes Françoises, Surin-
tendant et Commandant Général de l'Artillerie en Languedoc
et en Provence, mort en 1592.

CHARLES,
Cardinal de Bourbon, Né a la Ferté sous Jouare, le 22
Decembre 1523, mort à Fontenay le Comte le 9 may 1590.

CHARLES,
SECOND DU NOM,
CARDINAL DE BOURBON,
ARCHEVÊQUE DE ROUEN,

Fils de Charles de Bourbon, Duc de Vendôme, & de Françoife d'Alençon;

Né le 22 Décembre 1523; après la mort de Henri III, les Chefs de la Ligue le déclarerent Roi, fous le nom de Charles X; mort le 9 Mai 1590.

TITIEN VECELLI,

PEINTRE,

Né en 1477; mort en 1576.

CLAUDE DE LA TREMOUILLE,
Duc de Thouars.
Mort a Thouars le 25. 8.bre 1604. agé de 34 ans.

TRÉMOILLE, (LOUIS DE LA) ou TRÉMOUILLE,

DUC DE THOUARS,

PRINCE DE TALMONT,

Fils de François de la Trémoille, & d'Anne de Laval;

Né en 1570; mort le 25 Octobre 1604.

MATHIAS,

Frere de Rodolphe II, Empereur & Roi de Bohême & de Hongrie;

Né en 1556; Empereur le 24 Juin 1612; mort le 20 Mars 1619.

MATTHIAS.
Commence a regner le 24 Juin 1612.
Mort le 20 Mars 1619.

CHARLES DE LORRAINE,
Duc de Mayenne, Pair, Amiral, et grand
Chambellan de France, Chevalier des Ordres
du Roy, Gouverneur de Bourgogne, &c.
Né le 26. mars 1554. Mort à Soissons le 30. 1611.

LORRAINE, (CHARLES DE) DUC DE MAYENNE,

PAIR ET AMIRAL DE FRANCE,

Né le 26 Mars 1554, de François de Lorraine, Duc de Guise, & d'Anne d'Est, fille d'Hercule II, & de Renée de France, fille de Louis XII; marié à Henriette de Savoye, fille de Honorat de Savoye, second du nom, Marquis de Villars; Amiral en 1578, sur la démission de son beaupere; mort le 3 Octobre 1611.

JACQUES VI,

ROI D'ÉCOSSE,

Et appellé Jacques Ier depuis son avénement à la Couronne d'Angleterre & d'Irlande ;

Né le 19 Juin 1566, de Marie Stuart, Douairiere de France & Reine d'Ecosse, & de Henri Stuart, Comte d'Arnlay, fils du Duc de Lenox; mort le 8 Avril 1625.

JACQUES I.
Roy d'Angleterre, Né au Ch.^{au} d'Edimbourg
le 19 Juin 1566. Mort le 8 Avril 1625.

CHARLES EMMANUEL I.
Duc de Savoye, Né au Ch.au de Rivoli, le 12.
Janvier 1562, mort à Savillan le 26. Juillet 1630.

CHARLES-EMMANUEL,

PREMIER DU NOM,

Surnommé *LE GRAND*,

DUC DE SAVOYE,

Fils unique d'Emmanuel-Philibert, dit *le Bon*, & de Marguerite de France, fœur de Henri II;

Né le 12 Janvier 1562; fuccéda à fon pere en 1580; marié en 1585 à Catherine-Michelle d'Autriche, fille de Philippe II, Roi d'Efpagne, & d'Elifabeth de France, fa troifiéme femme; mort le 26 Juillet 1630.

FRANÇOIS DE BONNE,
DUC DE LESDIGUIERES,
PAIR, MARÉCHAL
ET CONNÉTABLE DE FRANCE,

Fils de Jean de Bonne, second du nom, Seigneur de Lesdiguieres, & de Françoise de Castellane;

Né le premier Avril 1543; Maréchal de France en 1608; Connétable le 24 Juillet 1622; mort le 28 Septembre 1628.

FRANÇOIS DE BONNE.
Duc de Lesdiguieres, Connétable de Fra.
Né le 1er Avril 1543 Mort le 28 7bre 1626.
Agé de 84 Ans.

JEAN LOÜIS DE NOGARET
De la Valette Duc d'Espernon.
Né au Mois de May 1554. Mort le 13 Janvier
1642. agé de 88 Ans.

VALETTE, (JEAN-LOUIS DE LA)

Dit *NOGARET*,

DUC D'ÉPERNON,

PAIR ET AMIRAL DE FRANCE,

Né en Mai 1554, second fils de Jean de la Valette, & de Jeanne de Saint-Larry de Bellegarde; Amiral en 1587; mort le 13 Janvier 1642.

GUISE, (LOUIS DE LORRAINE)

SECOND CARDINAL DU NOM,

ARCHEVÊQUE ET DUC DE RHEIMS,

Frere du Balafré & du Duc de Mayenne;

Né à Dampierre le 6 Juillet 1555; mort le 24 Décembre 1588.

LOUIS DE LORRAINE.
Cardinal de Guise Né le 6 Juillet 1555.
Tué à Blois le 24 Decembre 1588.

SIXTE V,
PAPE,

Dont le vrai nom étoit *Félix Peretti*, & connu dans la suite sous le nom du *Cardinal de Montalte*;

Né le 13 Décembre 1521, d'un Paysan nommé *Peretti*, dont la femme n'est connue que sous le nom de *Marie-Anne*; Cardinal en 1569; Pape le 24 Avril 1585; mort le 27 Août 1590.

PHILIPPE-EMMANUEL DE LORRAINE,

DUC DE

MERCŒUR,

Né le 9 Septembre 1558, de Nicolas de Lorraine, Duc de Mercœur, second fils d'Antoine, Duc de Lorraine & de Bar, & de Jeanne de Savoye, seconde femme de Nicolas, fille de Philippe de Savoye, Duc de Nemours, & de Charlotte d'Orléans-Longueville; mort le 19 Février 1602.

PHILIPPE EMAN. DE LORRAINE
Duc de Mercœur
Né le 9 7.bre 1558. Mort à Nuremberg, le 19 Février 1602.

NICOLAS DE NEUFVILLE.
Seig.r de Villeroy, Secretaire et Ministre
d'Etat mort le 12. 9bre 1617. agé de 74 ans.

NEUFVILLE, (NICOLAS DE)

SEIGNEUR DE VILLEROY,

Miniſtre & Secrétaire d'Etat fous Charles IX, Henri III, Henri IV & Louis XIII;

Né en 1543, de Nicolas de Neufville, & de Claudine Prud'homme; marié en 1561, à Magdeleine de l'Aubeſpine, fille de Claude, Secrétaire d'Etat; reçu Secrétaire d'Etat le 25 Octobre 1567; mort le 12 Novembre 1617.

BOURBON, (CHARLES DE)

COMTE DE SOISSONS ET DE DREUX,

PAIR ET GRAND-MAITRE DE FRANCE,

Fils de Louis, premier du nom, Prince de Condé, & de Françoife d'Orléans, fa feconde femme, fille de François d'Orléans, Marquis de Rothelin;

Né le 3 Novembre 1566; Grand-Maître de France en 1589; mort le premier Novembre 1612.

CHARLES DE BOURBON,
Comte de Soissons et de Dreux, Grand Maître
de France Gouver.^r de Dauphiné et de Normandie.
Né le 3 Novembre 1566. Mort en 1612.

LE P. ANGE DE JOYEUSE
Capucin
Mort à Rivoli, près de Turin, le 28. Septemb. 1608.
agé de 44 ans

JOYEUSE, (HENRI DE)
PAIR ET MARÉCHAL DE FRANCE,

Troisiéme fils de Guillaume II, Vicomte de Joyeuse, & de Marie de Batarnay;

Né en 1567; entré dans les Capucins le 4 Septembre 1587, vingt-six jours après la mort de Catherine de la Valette son épouse, sœur puînée du Duc d'Epernon, & y fit Profession sous le nom du *Pere Ange*; rentré dans le monde après la mort d'*Antoine-Scipion de Joyeuse*, son frere; Maréchal de France en 1596; rentré aux Capucins, le 8 Mars 1599; mort le 25 Septembre 1608.

OSSAT, (ARNAUD D')
CARDINAL,

Né de parens pauvres ; Cardinal en 1598 ; Evêque de Bayeux en 1601 ; mort le 13 Mars 1604.

ARNAUD D'OSSAT.
Cardinal, Né dans le Comté d'armagnac
pres d'auch Mort a Rome le 13 Mars 1604 agé de 67.

NICOLAS DE HARLAY,
Seigr. de Sanci &c.
Colonel General des Suisses Mort le 17. 8bre 1629.

HARLAY, (NICOLAS DE)

SEIGNEUR DE SANCY,

SUR-INTENDANT DES FINANCES,

ET COLONEL GÉNÉRAL DES SUISSES.

Né de Robert de Harlay, Seigneur de Sancy, sixiéme fils de Louis, Conseiller au Parlement, & de Germaine Cœur, fille de Geoffroy, Echanson de Louis XI, & d'Isabeau Bureau; Colonel des Suisses en 1597; mort le 17 Octobre 1629.

ANDRÉ-BAPTISTE DE BRANCAS,

SEIGNEUR DE VILLARS,

AMIRAL DE FRANCE,

Etoit le second fils d'Ennemond de Brancas, Seigneur de Villars, & de Catherine de Joyeuse, fille de Jean, Vicomte de Joyeuse; Amiral le 23 Août 1594; mort le 24 Juillet 1595.

ANDRE DE BRANCAS.
Seigneur de Villars, Amiral de France
le 23 Aoust 1594. Tué le 24 Juillet 1595.

CRILLON, (LOUIS BERTON DE)

Surnommé *LE BRAVE*,

CONSEILLER D'ÉTAT,

ET COLONEL GÉNÉRAL

DE L'INFANTERIE FRANÇOISE,

Né en 1540, de Gilles Berton II° du nom, Seigneur de Crillon, & de Jeanne Grillet, fille de Claude, Seigneur de *Thaillades*, & de Françoise de Peruzzis; mort le 2 Décembre 1615.

COSSÉ, (CHARLES II DE)

DUC DE BRISSAC,

PAIR ET MARÉCHAL DE FRANCE,

Fils de Charles de Cossé Ier; remit entre les mains de Henri IV, le 22 Mars 1594, la Ville de Paris, dont il étoit Gouverneur; Maréchal de France en 1595; mort en 1621.

CHARLES II. DE COSSÉ
Duc de Brissac, Pair, et Maréchal de Fr. Chev. des
Ordres, Gr. Panetier et Gr. Fauconier, Gouvern. de Paris,
de Nantes, et Pays Nantois, Lieutenar. gnal de Bretagne, Mort en 1621.

LOUIS SERVIN
Receu Avocat Général au Parlement
en 1589. Et mort Subittement aux pieds de Louis XIII.
tenant son Lit de Justice le 28. Juin 1627.

Regne de Henri III. 59

SERVIN, (LOUIS)

Avocat Général au Parlement de Paris, en 1589; mort le 28 Juin 1627.

HENRI IV,

Surnommé *LE GRAND*,

ROI DE FRANCE,

Né le 13 Décembre 1553, d'Antoine de Bourbon, Duc de Vendôme, & de Jeanne d'Albret, Reine de Navarre ; Roi de Navarre & marié en 1572 avec Marguerite de Valois, sœur de Charles IX; Roi de France en 1589; mort le 14 Mai 1610.

BARTHELEMI FERNANDEZ
dit des Martyrs
De l'Ordre de St. Dominique. Arch. de Brague,
Né à Lisbonne en Mai 1514. Mort à Viane le 16 Juillet 1590

FERNANDÈS, (BARTHÉLEMI)

Dit DES MARTYRS,

DOMINICAIN,

Né en Mai 1514; Archevêque de Bayeux le 3 Septembre 1559; mort le 16 Juillet 1590.

ESTRÉES, (GABRIELLE D')
DUCHESSE DE BEAUFORT,

Fille d'Antoine d'Eftrées, Marquis de Cœuvres, Maître de l'Artillerie du Roi, & de Françoife Babou de la Bourdaifiere, feconde fille de Jean, auffi Maître de l'Artillerie; morte en 1599.

GABRIELLE D'ESTREES
Duchesse de Beaufort
Morte à Paris en 1599.

CATHERINE DE BOURBON
Princesse de Navarre, Né le 4 Fevrier
1558, Morte le 13 Fevrier 1604.

CATHERINE DE BOURBON,

PRINCESSE DE NAVARRE,

Sœur unique de Henri-le-Grand;

Née le 4 Février 1558, d'Antoine de Bourbon, Roi de Navarre, & de Jeanne d'Albret; mariée le 29 Janvier 1599, à Henri de Lorraine, Duc de Bar; morte le 13 Février 1604.

BRISSON, (BARNABÉ)

Avocat Général, puis Conseiller d'Etat, & enfin Président à Mortier en 1580; employé dans différentes négociations par Henri III; dans le soulevement de Paris, en 1589, fait premier Président de la Ligue; pendu le 15 Novembre 1591.

BARNABÉ BRISSON,
Premier Président de la Ligue,
Pendu le 19 Novembre 1591.

JEANNIN, (PIERRE)

PRÉSIDENT AU PARLEMENT DE BOURGOGNE,

ET CONTRÔLEUR DES FINANCES,

Né en 1540, de Pierre Jeannin, Citoyen & Echevin d'Autun; Avocat au Parlement de Dijon en 1558; député aux Etats de Blois par la Ville de Dijon pour le Tiers-Etat, il fut l'un des deux Orateurs; succeſſivement Conſeiller & Préſident au Parlement de Bourgogne; enſuite Contrôleur des Finances; mort le 31 Octobre 1622.

BOURBON, (HENRI DE)

DUC DE MONTPENSIER,

Fils de François de Bourbon, Duc de Montpensier, & de Renée d'Anjou, Marquise de Mézières;

Né le 12 Mai 1573; Prince de Dombes du vivant de son pere; Duc de Montpensier & Gouverneur de Normandie en 1592; mort le 27 Février 1608.

HENRI DE BOURBON.
Duc de Montpensier.
Né à Mézières en Tourʳ le 12 Mai 1573. Mort à Paris, le 27 Février

GUILLAUME DU VAIR.
Evêque de Lisieux.
Chancelier et Garde des Sceaux de Fr. Mort en 1621 agé de 55 ans

VAIR, (GUILLAUME DU)

Conseiller au Parlement de Paris, puis Premier Président en celui de Provence, & ensuite Garde des Sceaux de France, Evêque & Comte de Lizieux;

Né le 7 Mars 1556, de Jean du Vair, Procureur Général de la Reine Catherine de Médicis, & de Barbe François; Garde des Sceaux le 16 Mai 1616; Evêque & Comte de Lizieux en 1618; mort le 3 Août 1621.

CHARLES DE GONTAUT,
DUC DE BIRON,
PAIR ET AMIRAL DE FRANCE,

GOUVERNEUR DE BOURGOGNE ET DE BRESSE,

MARÉCHAL DE FRANCE,

Fils d'Armand de Gontaut, & de Jeanne, Dame d'Ornezan & de Saint-Blancard;

Né en 1562; Maréchal de France en 1594; mort le 31 Juillet 1602.

CHARLES DE GONTAUT
Duc de Biron, Maréchal de Fr.
Décapité à Paris, le 31 Juillet 1602 agé de 40 ans

JACQUES DAVI
Cardinal Du Peron, Arch. de Sens,
Grand Aumonier de France.
Né le 25 Novemb. 1556. Mort à Paris le 5. 7.bre 1618.

PERRON, (JACQUES DAVY DU)

CARDINAL,

Né le 25 Novembre 1556; abjura le Calvinisme & se fit Catholique; Evêque d'Evreux en 1593, Cardinal en 1604, ensuite Archevêque de Sens, & Grand-Aumônier de France; mort le 5 Septembre 1618.

MORNAY, (PHILIPPE DE)

SEIGNEUR DU PLESSIS-MARLY,

GOUVERNEUR DE SAUMUR,

Né le 5 Novembre 1549, de Jacques de Mornay, Seigneur de Buhy en Picardie, & de Françoise du Bec, Dame du Plessis-Marly; mort le 11 Novembre 1623.

PHILIPPE DU-PLESSIS MORNAY
Gouverneur de Saumur
Né à Buhi, le 5. Novemb. 1549. Mort en sa Baronie de
la Forest, le 11 Novembre 1623.

PYRAMIDE
DRESSÉE DEVANT LA PORTE DU PALAIS

A PARIS,

en 1597.

CRÉQUI, (CHARLES I, SIRE DE)
PRINCE DE POIX,
DUC DE LESDIGUIERES,
PAIR ET MARÉCHAL DE FRANCE,

Fils d'Antoine de Blanchefort, & de Chrétienne d'Aguerre ; Maréchal de France le 27 Septembre 1621 ; mort le 17 Mars 1638.

Charles Sire de Crequy
Ambassadeur extraordinaire
à Rome en 1633 tué devant
Breme en 1638.

CATHERINE-HENRIETTE DE BALZAC D'ENTRAGUES, MARQUISE DE VERNEUIL,

Née en 1579, de François de Balzac, Sieur d'Entragues, & de Marie Touchet; morte en 1633.

MÉDICIS, (MARIE DE)

REINE DE FRANCE,

Fille aînée de François de Médicis, Grand-Duc de Toscane, & de Jeanne d'Autriche ; & niéce de Ferdinand, aussi Grand-Duc de Toscane ;

Née le 26 Avril 1575 ; mariée à Henri IV le 27 Décembre 1600 ; déclarée Régente le 15 Mai 1610, pendant la minorité de Louis XIII ; morte le 3 Juillet 1642.

MARIE DE MEDICIS
Reine de France.
Née à Florence, le 26. Avril 1575. Morte à Colog. le 3 Juil. 1642.

NICOLAS BRULART.
Seigneur de Sillery Chancelier de Fr.
Mort le 1.er Octobre 1624, agé de 80 ans.

BRULART, (NICOLAS)

SEIGNEUR DE SILLERY,

PRÉSIDENT AU PARLEMENT DE PARIS,

CHANCELIER DE FRANCE,

Né en 1540, de Pierre Brulart, Président aux Enquêtes, & de Marie Cauchon, Dame de Puyfieux & de Sillery; Conseiller au Parlement en 1573; ensuite Maître des Requêtes; Ambassadeur en Suisse; Président au Parlement de Paris en 1595; Ambassadeur à Rome en 1602; Garde des Sceaux en 1604; Chancelier de Navarre en 1605, & de France en 1607; mort le premier Octobre 1624.

TYCHO-BRAHÉ,

RESTAURATEUR DE L'ASTRONOMIE,

Né le 19 Décembre 1546; mort le 24 Octobre 1601.

TYCHO BRAHE
Astronome
Né à Knud-strup, près d'Elseneur, en Danemarc le 19 X.bre
1546. Mort à Prague le 24 8.bre 1601.

CHARLES DE VALOIS.
Comte d'Auvergne fils naturel de Charles
IX. Né au Ch.ᵘⁿ de Fayet en Dauphiné le 28.
Avril 1573. mort à Paris le 24. 7.ᵇʳᵉ 1650.

VALOIS, (CHARLES DE) DUC D'ANGOULÊME,

PAIR DE FRANCE,

COLONEL GÉNÉRAL

DE LA CAVALERIE LÉGERE DE FRANCE.

Né le 28 Avril 1573, fils naturel de Charles IX, Roi de France, & de la Belle Marie Touchet; connu fous le nom de *Comte d'Auvergne;* mort le 24 Septembre 1650.

MAXIMILIEN DE BÉTHUNE,

DUC DE SULLY,

PREMIER DU NOM,

PAIR ET MARÉCHAL DE FRANCE,

Né en 1559, de François de Béthune, Baron de Rosny, & de Charlotte Dauvet, fille de Robert, Sieur de Rieux, Président à la Chambre des Comptes de Paris; Grand-Voyer de France en 1597; Sur-Intendant des Finances en 1598; Grand-Maître de l'Artillerie en 1601; Maréchal de France en 1634; mort le 21 Décembre 1641.

MAXIMILIEN DE BETHUNE
Duc de Sulli, Grand Maître de l'Artillerie
Maréchal de France &c. Né à Rosni en 1559. Mort
en son Château de Villebon au pays Chartrain le 21. Dec.bre 1641.

PIERRE COTTON.
Jesuite, Confesseur d'Henry IV.
Né a Neronde près la Loire, le 7. Mars 1564.
Mort à Paris, le 19. Mars 1626.

COTTON, (PIERRE) JÉSUITE,

Confesseur des Rois Henri IV & Louis XIII;

Né le 7 Mars 1564, de Guichard Cotton, Seigneur de Chenevoux; entré chez les Jésuites en Septembre 1583; mort le 19 Mars 1626.

FONTANA, (DOMINIQUE)

ARCHITECTE,

Né en 1543; mort en 1607.

DOMINIQUE FONTANA Arch.^cte
Né a Mili dans le Diocese de Come, en 1543. Mort à Naples, en 1607.

HENRY DE BOURBON.
Prince de Condé 11 du nom.
Né le Premier Septembre 1588. Mort le 26.
Décembre 1646.

HENRI DE BOURBON,
PRINCE DE CONDÉ,
SECOND DU NOM,

PREMIER PRINCE DU SANG,

PREMIER PAIR ET GRAND-MAITRE DE FRANCE,

DUC D'ENGUYEN,

Fils de Henri de Bourbon, premier du nom, & de Charlotte-Catherine de la Trémoille;

Né le premier Septembre 1588; mort le 26 Décembre 1646.

CONDÉ, (CHARLOTTE-MARGUERITE DE MONTMORENCI, PRINCESSE DE)

Fille de Henri I, Duc de Montmorenci, & de Louise de Budos, sa seconde femme ;

Née en 1593; mariée à Henri de Bourbon, second du nom, Prince de Condé; morte en 1650.

Massacre de HENRY LE GRAND ROY DE FRANCE *par François Ravaillac le 14. May 1610.*

LOUIS XIII,

ROI DE FRANCE ET DE NAVARRE,

Surnommé *LE JUSTE*,

Né le 27 Septembre 1601, de Henri-le-Grand & de Marie de Médicis; fuccéda à la Couronne fous la tutelle de fa mere, le 14 Mai 1610; déclaré majeur le 2 Octobre 1614; réunit le Béarn à la Couronne en 1620; mort le 14 Mai 1643.

MASSACRE
DE HENRI IV,
PAR RAVAILLAC,
Le 14 Mai 1610.

LOUIS XIII. dit le JUSTE,
LXIII.e *Roy de France*
Mort à S.t Germain en Laye en 1643. Apres 33 ans de regne.

FRANÇOIS DE BASSOMPIERRE
Maréchal de France
Né en Lorraine le 12 Avril 1579 Mort en
Brie le 12 Octobre 1646.

BASSOMPIERRE, (FRANÇOIS DE)
COLONEL GÉNÉRAL DES SUISSES;

ET MARÉCHAL DE FRANCE,

Né le 22 Avril 1579, de Chriſtophe, Baron de Baſſompierre, Seigneur d'Harouel, Grand-Maître-d'Hôtel & Chef des Finances de Lorraine, & de Louiſe Picard de Radeval; Colonel Général des Suiſſes en 1614; Maréchal de France le 29 Août 1622; Ambaſſadeur en Eſpagne en 1621, en Suiſſe en 1625, en Angleterre en 1626; mort le 12 Octobre 1646.

CONCINI-CONCINO,

MARQUIS D'ANCRE,

MARÉCHAL DE FRANCE,

Né d'une bonne Maiſon de Florence ; venu à Paris en 1600 avec Marie de Médicis ; marié à Eléonore Galigay ; mort le 24 Avril 1617.

CONCINO CONCINI,
Maréchal d'Ancre, Né au Comté de Penna en Toscane
vint en France l'an 1600 fut tué le 24 Avril 1617.

LEONORA GALIGAI.
Femme du Maréchal d'Ancre.
Née a Florence, Décapitée a Paris le 8 Juillet 1617.

GALIGAY, (ÉLÉONORE)

Fille d'un Menuisier, sœur de lait de Marie de Médicis; venue à Paris avec cette Princesse; mariée à Concini, Maréchal d'Ancre; morte le 8 Juillet 1617.

FERDINAND II,
EMPEREUR,

Petit-fils de Ferdinand Ier, & fils de l'Archiduc Charles d'Autriche;

Né en 1577; Roi de Bohême en 1617, & de Hongrie en 1618; Couronné Empereur le 28 Août 1619; mort le 15 Février 1637.

FERDINAND II.
Commence a regner le 28 Aout 1619.
Mort le 15 Fevrier 1637.

GUSTAVE-ADOLPHE,

Surnommé *LE GRAND*,

ROI DE SUÈDE,

Né le 9 Novembre 1594, de Charles IX, Roi de Suède, & de Chriſtine, fille d'Adolphe, Duc de Holſtein & de Slewick; couronné le 11 Décembre 1611; mort le 16 Novembre 1632.

BONGARS, (JACQUES)

Né en 1554; mort le 29 Juillet 1612.

JACQUES BONGARS.
Né a Orleans, Mort a Paris le 29. Juillet 1612.
agé de 58. ans.

P. Simon Sculp.

Né a Urbin en 1528. Mort en cette Ville en 1612.

BAROCHE, (FRÉDÉRIC)

PEINTRE,

Fils d'Ambroife Baroche, Sculpteur;

Né en 1528; mort en 1612.

CHARLES I,

ROI D'ANGLETERRE,

D'ÉCOSSE ET D'IRLANDE,

Troisiéme fils de Jacques, VI Roi d'Ecosse & I d'Angleterre, & d'Anne, fille de Frédéric II, & sœur de Christiern IV, Roi de Dannemarck;

Né le 19 Novembre 1600; créé le 3 Novembre 1616 Prince de Galles; succéda à son pere Jacques Ier en 1625; marié la même année à Henriette de France, fille de Henri IV, & sœur de Louis XIII; mort le 9 Février 1649.

CHARLES I.
Roy d'Angleterre.
Né le 19. 9bre 1600. Decapité à Londres le 9 Fevrier 1649

GILLES DE MAUPEOU,
Conseiller aux Conseils d'Etat et privé, Intendant et Controlleur general des Finances, sous les regnes de Henry quatre, et Loüis treize, Mort a Paris le 26 Fevrier 1641 agé environ de 90 Ans.

MAUPEOU, (GILLES DE)

Intendant & Contrôleur Général des Finances, sous les regnes de Henri IV & Louis XIII; mort le 26 Février 1641.

RIBIER, (GUILLAUME)

Né en 1578, de Michel Ribier, Lieutenant Particulier au Bailliage de Blois, & de Marguerite Perrault; député aux Etats Généraux du mois d'Octobre 1614; Conseiller d'Etat; mort le 21 Janvier 1663.

GUILLAUME RIBIER.
Cons.er d'Etat.
Né à Blois en 1578. mort le 21 Janvier 1663.

PIERRE DE BOURDEILLE.
Abbé Seigneur de Brantôme.
Mourut dans un age très avancé, le 15 Juil. 1614.
Tiré du Cabinet de M.̃ le Marquis de Bourdeille.

BOURDEILLE, (PIERRE)

Connu sous le nom de BRANTÔME, dont il étoit Abbé,

Troisiéme fils de François, Vicomte & Baron de Bourdeille, & d'Anne de Vivonne de la Chataigneraye;

Né en 1527; mort le 5 Juillet 1614.

AUTRICHE, (ANNE D')
REINE DE FRANCE,

Epouse de Louis XIII, fille aînée de Philippe III, Roi d'Espagne, & de Marguerite, Archiduchesse d'Autriche;

Née le 22 Septembre 1601; mariée le 18 Septembre 1615; déclarée Régente le 18 Mai 1643; morte le 20 Janvier 1666.

ANNE D'AUTRICHE
Reine de France.
Morte à Paris le 20. janvier 1666. Agée de 64 ans.

ARMAND JEAN DU PLESSIS
Cardinal Duc de Richelieu
Né à Paris le 5. 7.bre 1585. Mort le 4 Décembre 1642.

PLESSIS-RICHELIEU,

(ARMAND-JEAN DU)

CARDINAL, MINISTRE D'ÉTAT.

Né le 5 Septembre 1585, de François du Pleſſis, Seigneur de Richelieu, & de Suſanne de la Porte; Evêque de Luçon, le 17 Avril 1607; Secrétaire d'Etat en 1616; Cardinal en Septembre 1622; Miniſtre en 1624; mort le 4 Décembre 1642.

GEORGES DE VILLIERS,
DUC DE BUCKINGHAM,

Fils d'un autre Georges de Villiers, Comte de Buckingham;

Né le 28 Août 1592; mort le 28 Août 1628.

GEORGE de VILLIERS
Duc de Buckingham
Né le 28 Août 1592. Tué à Portsmouth,
le 28 août 1628.

Mellan sculp.

MATHIEU MOLÉ
Premier President Garde des Sceaux de Fr.
Né en 1584. Mort le 3. Janvier 1656. Agé de 72 ans.

MOLÉ, (MATHIEU)

Seigneur de Laſſy & de Champlâtreux, Premier Préſident du Parlement, & Garde des Sceaux de France;

Né en 1584, d'Edouard Molé, Préſident à Mortier au Parlement de Paris, & de Marie Chartier, fille de Mathieu, Doyen des Conſeillers au Parlement; Conſeiller au Parlement en 1606; Préſident aux Requêtes du Palais, enſuite Procureur Général, & enfin Premier Préſident en 1641; Garde des Sceaux de France en 1651; mort le 3 Janvier 1656.

ALBERT, (CHARLES D')

DUC DE LUYNES,

Pair, Grand-Fauconnier, Garde des Sceaux & Connétable de France;

Né en 1578, de Henri d'Albert, & d'Anne de Rodulf, fille d'Honoré de Rodulf, Seigneur de Limans, & de Louise de Benaud de Villeneuve; premier Ministre en 1617; Connétable le 22 Avril 1621; mort le 15 Décembre 1621.

www.ingramcontent.com/pod-product-compliance
Lightning Source LLC
Chambersburg PA
CBHW071338150426
43191CB00007B/781